Ewald Friedrich von Hertzberg

Abhandlung über das wahre Ideal einer guten Geschichte und über das zweite Regierungsjahr Friedrich Wilhelms II.

Ewald Friedrich von Hertzberg

Abhandlung über das wahre Ideal einer guten Geschichte und über das zweite Regierungsjahr Friedrich Wilhelms II.

ISBN/EAN: 9783743614444

Hergestellt in Europa, USA, Kanada, Australien, Japan

Cover: Foto ©ninafisch / pixelio.de

Manufactured and distributed by brebook publishing software
(www.brebook.com)

Ewald Friedrich von Hertzberg

Abhandlung über das wahre Ideal einer guten Geschichte und über das zweite Regierungsjahr Friedrich Wilhelms II.

Abhandlung

über

das wahre Ideal

einer guten Geschichte,

und über

das zweyte Regierungsjahr

Friedrich Wilhelms II.

Königs von Preußen,

vorgelesen

in der öffentlichen Versammlung der Akademie
der Wissenschaften zu Berlin,

am 21sten August 1788.

von

dem Grafen von Hertzberg

Königlichem Staatsminister, Curator und
Mitgliede der Akademie.

Aus dem Französischen.

Frankfurt,
1789.

Vorerinnerung.

Ganz Europa ist jetzt in Erstaunen über die Frechheit einer Schrift, welche unter dem Titel: Histoire secrette de la Cour de Berlin, im Druck erschienen ist. Der Urheber dieser Brandbriefe über-

trift

trift gewiß die Heilige Herostrat, Procop und Aretin, und läßt sie an Bosheit und Unverschämtheit weit zurück. Es wird jedem, der den Berliner Hof genau kennt, nicht schwer fallen, fast auf jeder Seite dieser Schrift die Unwahrheit der darinn angeführten Thatsachen, und die Falschheit sowohl als Tücke der darauf gebauten Schlüsse zu zeigen. Zum Vorgeschmack kann man sich auf die nachstehende kleine Schrift berufen, in welcher auf den Seiten 22 und 23 dem Verfasser des

Briefes

Briefes an die Batavier gezeigt wird, wie grundlos und heimtückisch sein Urtheil über die Preußische Expedition nach Holland, ausgefallen ist, und auf den Seiten 49, 50, 51 und 52, wie eben so unrichtig und ungereimt in der sogenannten Monarchie prussienne über die in den akademischen Abhandlungen bekannt gemachten Preußischen Produkten- und Populationstabellen geurtheilet ist. Eben so würde man das ganze so gerühmte Werk von der Preußischen Monar-

narchie durchgehen, und faſt auf jeder
Seite ſo freche als einfältige Unwahrheiten
zeigen können. Z. B. will man hier nur
anführen, wann in dem ſiebenten Buche
S. 101. vorgegeben wird, daß der Preuſ-
ſiſche Reiter ſein Pferd auf den Bauern-
hof ſeines Vaters zurückbringen, und da-
ſelbſt ernähren müſſe. Ein jeder in den
Preußiſchen Landen weiß, daß dieſes eine
unverſchämte Lüge iſt, und daß die beurlaubten Reiter ihre Pferde bey dem Regi-
ment laſſen. Eben ſo unwahr iſt es, daß

die

die beurlaubten Soldaten dem Lande zur Laft, und dem Ackerbau zum Nachtheil gereichen, indem in Preußen ein jeder weiß, daß solches nicht ist, und die auf das Land beurlaubten durch die militärische Disciplin zur Ordnung, zum Gehorsam, und zur Arbeit gewöhnt, die besten Landarbeiter werden, und ein jeder Landmann sie gern hat, und die sechs Wochen, die er sie vor der Erntezeit entbehren muß, gern misset. Dieses sind einige Probestücke, die man hier vorläufig zur Warnung des Publicums anführet,

führet, damit es sich durch die unver=
schämten Nachrichten des angeblichen Ber=
linschen Correspondenten nicht hinreissen laß=
se, sondern sein Urtheil aufschiebe, bis der
ganze Ungrund dieses erdichteten Briefwech=
sels aufgedecket wird.

Abhand=

Abhandlung
über
das wahre Ideal einer guten Geschichte.

Wir sind heute hier versammlet, um nach einem alten löblichen Gebrauch unserer Akademie, das zweyte Jahresfest der Regierung des Königs zu feyern, und uns des glücklichen Jahres zu freuen, welches wir unter seiner Beherrschung wieder zurückgelegt haben. Da ich seit acht Jahren die mit einigem Beyfall aufgenommene Gewohnheit habe, der Akademie und dem Publikum eine kurze Nachricht von den vornehmsten Verhandlungen der Preußischen Staatsverwaltung in dem Lauf des verflossenen Jahres, vorzulegen, und sie mit meinen Bemerkungen über einige Gegenstände der Geschichte und der Staatskunst, welche sich auf die Zeitumstände beziehen, zu begleiten; so glaube ich wohl zu thun, wenn ich mich dieses doppelten Geschäfts heute dadurch entledige, daß ich der Akademie und dieser Versammlung einige Betrachtungen über den Nutzen, die Nothwendigkeit und über das wahre Ideal einer guten pragmatischen Geschichte mittheile. Meine Lage und meine eingeschränkte Muße erlauben mir nicht, diese interessante Materie zu erschöpfen. Ich habe nicht nachlesen können, und will hier nicht wies

A

der

derholen, was Bodin, Lenglet du Fresnoy und
andere Schriftsteller über diesen Gegenstand ausführ-
lich geschrieben, oder was die meisten Geschichtschreiber in der Einleitung ihrer Geschichte selbst darüber
gesagt haben. Ich begnüge mich, in der Kürze
meine eigenen Ideen und einige flüchtige Bemerkungen hinzuwerfen, als das Resultat von demjenigen,
was ich in einer Laufbahn von drey und vierzig Jahren, seitdem ich der Preußischen Monarchie diene und
einigen Antheil an ihrer öffentlichen Staatsverwaltung gehabt, gelesen, gesehen und erfahren habe.
Zwey besondere Gründe haben mich bewogen, diese
Materie zu wählen; einmal die öffentliche Erscheinung
der nachgelassenen Werke Friedrichs II. und der
Geschichte seiner Zeit, welche er selbst geschrieben
hat, und die meiner Meynung nach der Vollkommenheit einer guten Geschichte sehr nahe kommt; zwey-
tens, die zu große Menge historischer Werke über das
Leben Friedrichs II. womit solche Schriftsteller das
Publikum überschwemmen, welche weder die Mate-
rialien, noch die andern nöthigen Eigenschaften besitzen, um eine gute und wahre Geschichte zu schreiben,
und welche so viel Anekdoten und falsche oder unge-
wisse Thatsachen erzählen, daß es mehr Mühe kosten
würde, sie zu widerlegen und ihre Irrthümer zu be-
richtigen, als eine gute Geschichte des großen Königs
zu schreiben.

Wenn

Wenn die Geschichte eine beurtheilende und an=
einanderhängende Sammlung merkwürdiger Re=
volutionen und Begebenheiten ist, welche die Na=
tionen und die Staatsregierungen betroffen haben;
wenn sie einen kurzen Abriß der merkwürdigen
Handlungen von Staatsmännern und Privat=
personen geben soll; so dient sie dazu den Leser zu
unterrichten und aufzuklären; sie legt ihm die Erzäh=
lung der öffentlichen Begebenheiten und die Bey=
spiele von Tugenden und Lastern, von großen Thaten
und Fehlern, von guten und bösen Erfolgen vor
Augen; sie ist folglich die beste Schule für Fürsten,
für Staatsmänner und für alle Menschen überhaupt,
sowohl in Absicht der Moral, als der Staatskunst,
magistra vitae, wie Cicero sie nennt. Das wesent=
liche der Geschichte besteht in der Wahrheit und in
der Gewißheit der Thatsachen, welche sie erzählt,
und worüber sowohl dem Leser als dem Geschicht=
schreiber das Urtheil zusteht. Diese Gewißheit der
Thatsachen muß also auf eine so sichere, wahre und
glaubwürdige Art dargethan werden, als es nur
möglich ist. Derjenige, welcher eine Alte Geschichte
aus der Vorzeit schreibt, muß meiner Meynung nach,
sie durch Zeugnisse gleichzeitiger Schriftsteller, öffent=
licher Verhandlungen und Urkunden belegen und er=
weisen; er muß diese Zeugniße nicht bloß mit Ge=
nauigkeit anführen, sondern auch unter dem Text die

vor=

vorzüglichsten und wesentlichsten Beweisstellen setzen, ohne die von spätern und neuern Schriftstellern damit zu vermischen. In Ansehung dieser Art Geschichte würde ich als Muster vorschlagen die Geschichte der alten Teutschen des berühmten Mascow, und zum Theil auch die Geschichte des Herrn Schmidt, welcher jedoch zu sparsam allegirt, anstatt daß Struve, Hahn und andere Sammler der Geschichte Teutschlands es zu häufig thun. Aber ich billige eben so wenig die meisten ältern allgemeinen Geschichtbücher, als die von Mariana, Daniel, Rapin, Barre, Dalin, ja selbst die von Muratori, Robertson und Hume, welche nur wenige oder gar keine gleichzeitige Schriftsteller und Zeugniße anführen und dadurch den Leser nöthigen, sich auf ihr Wort und auf ihr Urtheil gänzlich zu verlassen. Diese Fehler kann man auch allen Verfassern der ältern Geschichte als Herodot, Dionysius von Halicarnaß, Titus Livius, Dio Cassius, so wie fast allen den besten ältern und neuern Geschichtschreibern vorwerfen ; ihre Glaubwürdigkeit wird dadurch sehr vermindert und man kann ihnen nur mit vieler Behutsamkeit und nach genauer Untersuchung trauen. Jede Geschichte eines Zeitraums, welcher von demjenigen, worinn der Schriftsteller gelebt hat, sehr entfernt ist, ist eine bloße Sammlung fremder Nachrichten, welche keinen Glauben verdient, als in so weit sie auf das Zeugniß gleichzeitiger zuverläßiger

läßiger Schriftsteller oder Denkmäler gegründet ist.
Diese einzige Ursach widerlegt die gewöhnliche Meynung, daß eine Geschichte bey Lebzeiten dererjenigen,
welche dabey interessiret sind, nicht geschrieben werden
müsse. Eine jede Geschichte, welche lange nach dem
Ableben der handelnden Personen geschrieben wird,
kann niemals hinlänglich ins Licht gesetzt werden, weil
die gleichzeitigen Zeugen und Beweise fehlen. Meiner Meynung nach sollte eine gute, wahre, und über
alle Einwendung hinausgesetzte Geschichte entweder
von den vornehmsten handelnden Personen selbst
geschrieben werden, oder wenn diese nicht den Willen,
die Muße, oder die nöthige Fähigkeit dazu haben, von
einem besonders dazu bestellten Geschichtschreiber;
von einem geschickten, von dem Staat dazu ernannten
Schriftsteller, der Gelegenheit hat die wichtigsten
handelnden Personen, die Archive, die Berichte der
Minister und alle öffentliche und Privatdenkmäler,
welche erforderlich sind um eine gute Geschichte zu
liefern, zu Rathe zu ziehen; kurz, von einem solchen
Geschichtschreiber von Amtswegen, welche nach einer
gewissen Tradition, in China und in der Türkey vor-
handen seyn sollen. Man kann in der That einwen-
den, daß eine von den Zeitgenossen geschriebene Geschichte der Partheylichkeit und der Schmeicheley ver-
dächtig ist, weil man annehmen kann, daß der Schriftsteller nicht wagen wird, solche Thatsachen und Wahr-

heiten

heiten bekannt zu machen, welche den mächtigern han=
delnden Personen nachtheilig sind; aber es ist nicht
unmöglich, es ist sogar leicht, dieser Schwierigkeit, und
dieser nicht ungegründeten Furcht dadurch abzuhelfen,
daß man eine solche Geschichte bey Lebzeiten der vornehm=
sten handelnden Personen nicht herausgiebt. Aus
dieser Ursache hat Pufendorf seine Geschichte Gustav
Adolphs und des Großen Churfürsten, erst einige
Zeit nach ihrem Tode herausgegeben; und selbst
Friedrich II. wollte nicht, daß seine Geschichte bey
seinem Leben erschiene, damit das Publikum desto
freyer darüber urtheilen könnte. Durchlaufen wir
die guten Geschichtbücher, welche die handelnden Per=
sonen selbst geschrieben haben, so besitzen wir deren
nur eine sehr geringe Zahl. Aus der ganzen Folge
von Jahrhunderten getraue ich mir nur dazu zu rech=
nen: Xenophon, Thucydides, Polybius, Julius
Cäsar und Friedrich II. welcher, indem er in seinen
Werken dem Publikum die Geschichte seiner Zeit,
als ein Vermächtniß, hinterlassen, der Nachwelt eine
Geschichte geweihet hat, welche mir vor denen aller
oben benannten handelnden Personen und Geschichts=
schreiber den Vorzug zu verdienen scheint, weil sie
den großen Zeitraum von sechs und vierzig Jahren
und solche merkwürdige Epochen begreift, als in keiner
andern Geschichte vorkommen; weil der Verfasser die
vornehmste handelnde Person der ganzen Geschichte,

als

als Regent, als Gesetzgeber, als Staatsmann und
als General gewesen ist, und weil er sie mit einer
Bescheidenheit und Unpartheylichkeit geschrieben hat,
welche über die Richtigkeit der Sachen nicht den geringsten Zweifel übrig läßt.

So viel die zwente Classe betrift, ich menne die
Geschichtschreiber von Amtswegen, so kenne ich in
den ältern und neuern Zeiten keinen, der diesen großen
Beruf mit Würde erfüllt, und mit allen nöthigen
Hülfsmitteln den Auftrag dazu erhalten hätte, als
den berühmten Samuel von Pufendorf, welcher die
Geschichte der Schwedischen Könige Gustav Adolphs
des Großen und Carl Gustavs, auf den öffentlichen
Glauben der Schwedischen Archive geschrieben, und
die Geschichte des Großen Churfürsten von Brandenburg Friedrich Wilhelms aus dem ihm geöfneten
Archive zu Berlin, aus welchem er seine ganze Geschichte und das wesentliche von dem Briefwechsel der
Regenten und den Berichten ihrer Gesandten gezogen
hat. Die Hauptfehler, welche man ihm vorwerfen
kann, sind, daß er durch zu ängstliches Abschreiben
der Instruktionen und der Berichte der Gesandten, zu
umständlich und zu weitläuftig, dagegen aber in der
Erzählung der Kriegs-Vorfälle nicht genau und
pünktlich genug gewesen ist. Von letztern war er
nicht genug sachkundiger Richter, und man publicirte

A 4   damals

damals auch von Kriegsbegebenheiten noch keine so
genaue und häufige Berichte als zu unsern Zeiten.
In diesem Betracht hat die Geschichte meiner Zeit
Friedrichs II. und des Herrn von Tempelhof
Geschichte des siebenjährigen Krieges einen großen
Vorzug vor der Geschichte Pufendorfs. Nimmt
man diese zwey Fehler aus, so sind die obgedachten
drey Werke Pufendorfs nach meinem Urtheil ein
wahrer Schatz der Archive, und eine Sammlung,
worinn man alles findet, was zur Staatskunst, zum
Staatsrecht und zu der von ihm geschriebenen Geschichte
gehört, und sie enthalten die ganze wahre Geschichte
dieser Helden und ihrer Staatsregierung. Man
rühmt zwar und setzt mit Recht einen großen Werth
auf die Geschichte eines Tacitus, Sallustius, Pro-
copius, Guicciardin, Paul Jovius, Sleidan,
des Präsidenten von Thou, eines Vittorio-Siri,
Robertson, Hume; auch sind die Werke eines Tacitus, Sallustius, Guicciardin und anderer mit
mehrerem Geist, Beurtheilung, Salz und Interesse
geschrieben, als die kalten und zu weitschweifigen Geschichtbücher Pufendorfs; aber am Ende sind die
erstern doch nur vortresliche historische Sammlungen
fremder Schriftsteller; sie sind nicht so original als
Pufendorf, und verdienen nicht denselben Glauben,
weil alle diese Geschichtschreiber nicht den Zutritt zu
den Archiven gehabt und ihre Geschichte nicht anders

haben

haben sammlen können als nach den öffentlichen Berichten, nach den Volkssagen und nach den Erzählun-
gen solcher Personen, welche selten Theilnehmer und
sachverständige Beurtheiler der Begebenheiten gewesen sind, ihre Geschichte hat also nicht so vollständig,
so unpartheyisch und so vollkommen seyn können, als
die Arbeit eines vom Staat ernannten Geschichtschreibers, eines solchen, als ich den Pufendorf dargestellet
habe. Die historischen Werke des großen und sonst
unvergleichlichen Tacitus sind von obigem Fehler nicht
frey, er hatte keinen Theil an der Staatsverwaltung,
noch Zutritt zu den Archiven, und keine andern Quellen als die öffentlichen Gerüchte. Die Geschichte
meiner Zeit, welche Friedrich II. uns hinterlassen
hat, vereiniget in der That die Haupteigenschaften,
welche man von einer Geschichte der handelnden
Person selbst und von der eines bestellten Geschichtschreibers fordern kann. Er hat darinn mit der
größten Unpartheylichkeit alles beschrieben was er
selbst als Regent, als General und Staatsminister
gethan hat; man kann sich auf sein Gedächtniß, auf
seine Wahrhaftigkeit, auf seine Genauigkeit und auf
seine Unpartheylichkeit verlassen; dieses bestätigen alle
seine Zeitgenossen, welche Zeugen und Theilnehmer
seines Lebens und seiner glänzenden Laufbahn gewesen
sind. Er hat die Archive zu Rathe gezogen; er hat
sich Auszüge daraus machen lassen, und ist auf diese

A 5   Ar-

Art seinem Gedächtniß zu Hülfe gekommen. Ich
selbst kann dieses alles bezeugen, da ich einen großen
Theil der Archiv-Auszüge für ihn gemacht, alle seine
Briefschaften unter Händen und vielen Antheil an
seinen wichtigsten Unterhandlungen gehabt. Indessen
will ich nicht leugnen, daß dieser sonst vortreflichen
Geschichte, Genauigkeit und Ausführlichkeit noch sehr
mangeln. Friedrich II. hatte nicht Muße genug, um
seiner Geschichte diese Vollkommenheit zu geben; er
war ein zu guter Regent; er widmete sich seinem Haupt-
Beruf zu anhaltend und eifrig, um ein vollkommener
Geschichtschreiber seyn zu können.

Ich bin jedoch überzeugt, daß man dem menschlichen Geschlecht keinen größern Dienst leisten könnte,
als wenn ein Mann, welcher alle Eigenschaften eines
guten Geschichtschreibers in sich vereinigt, unternäh-
me, die ganze Geschichte Friedrichs II. mit der nöthigen Genauigkeit und Ausführlichkeit zu schreiben;
wenn er dabey die von diesem Könige selbst verfaßte
Geschichte, welche die Politik und das Kriegswesen
begreift, und die militairische Geschichte des siebenjährigen Krieges des Herrn von Tempelhof zum Grun-
de legte; das was diesen beyden vortreflichen Werken
noch fehlt, durch Nachforschungen in den Archiven und
bey gleichzeitigen Militair-Personen und Staatsmännern, ergänzte; die erheblichsten Staatsschriften,

Ver-

Verträge und Landesverordnungen dieser Regierung als Beläge beyfügte, und das alles in einen guten histo-rischen Zusammenhang brächte. Eine solche Geschichte würde die interessanteste aller Jahrhunderte seyn; sie würde der Nachwelt ein schönes Muster einer vor-treflichen Regierung und das größte und helleste Bild eines Staats aufstellen, welcher durch unvermuthete Umstände und durch unbegreifliche Fehler, in die höchste Gefahr gänzlicher Vernichtung, und in eine, in der Geschichte eines jeden andern Staats unerhör-te verzweiflungsvolle Lage gestürzt, bey einer mittel-mäßigen Oberfläche und Beschaffenheit, durch Friedrich II. und durch die Einsicht, die Thätigkeit, die Stand-haftigkeit und die Vaterlandsliebe einiger großen Männer, die er sich zuzugesellen gewußt, daraus ge-rettet ward; eines Staats, welcher in der Folge zu einer Größe und Glückseligkeit erhoben worden, die ihn den größten Monarchien Europens zur Seite setzt; ihm die Achtung und den Neid der Nachbarn, und eine innere nicht leicht zu zerstörende Festigkeit gewährt, und sowohl der Staatsverwaltung als der regierenden Familie und der Nation selbst, einen selbstständigen und unauslöschlichen Charakter einge-drückt hat, welcher einer beständigen Dauer und selbst des größten Zuwachses an Stärke fähig ist. Schon sehen wir sichere und sprechende Beweise von dem was ich behaupte, in den zwey ersten Regierungsjahren

eines

eines gerechten, weisen und thätigen Königs, welcher
sich als einen würdigen Nachfolger seines großen
Oheims zeigt; und in der Ferne erblicken wir eine
Nachkommenschaft von Regenten, welche durchdrun-
gen von den Grundsätzen Friedrichs II. und angefeuert
durch sein Beyspiel, nur das Verlangen athmet, ihm
nachzueifern, und einst seine Vollkommenheit und
seinen Ruhm zu erreichen.

Ueberhaupt bin ich versichert, daß nichts mehr
beytragen würde, die Wohlfarth der Nationen und
der Menschen zu befördern, als wenn ein jeder Staat
einen Geschichtschreiber von Amtswegen bestellte,
welcher ein genaues Tagebuch von demjenigen führte,
was in dem Staat selbst, und bey den Nachbarn, in
Beziehung auf denselben, vorgeht; welcher die öffentlichen Vorträge, die Edikte, die Verordnungen, die
Staatsschriften, die Berichte der einheimischen und
an auswärtigen Höfen stehenden Minister, der Mili-
tair- und Civil-Staats-Beamten und folglich allen
Stoff zu einer guten Geschichte sammlete; welcher von
dem Souverain, den Generalen und Ministern Aus-
kunft verlangen könnte, darnach von jedem Jahr
einen historischen Aufsatz verfertigte; und wenn nach
dem Tode des Regenten, aber nicht früher, ein weiser,
geschickter, arbeitsamer, tugendhafter, unpartheyischer
und unerschrockner Mann, welcher die Eigenschaften

eines

eines guten Geschichtschreibers, die Talente und den Charakter eines Tacitus, eines Robertson und selbst eines Friedrichs II. in sich vereiniget, die Geschichte der verflossenen Regierung schriebe und herausgäbe. Eine solche zu einem immerwährenden Gesetz erhobene Anstalt einer officiellen Geschichte würde die größte Aufmunterung, so wie der beste Zaum für die Fürsten, und die an ihrer Regierung theilnehmende Generale und Minister seyn, um gut zu regieren und zu handeln, um Fehler und Laster, und die darauf folgende Schande zu vermeiden, und um sich die Liebe und den Beyfall ihrer Zeitgenossen und der Nachwelt, so wie die Unsterblichkeit ihres Namens, zu versichern. Dies würde eine Nachahmung und eine Herstellung jenes strengen aber zugleich ehrwürdigen Gerichts seyn, welches die Egyptier nach dem Tode ihrer Regenten nies versetzten, und welches gewissermaßen noch jetzt bey den Chinesern gebräuchlich seyn soll. Ein guter, tugendhafter und geschickter Fürst wird dieses Gericht nicht fürchten; er wird vielmehr wünschen, daß es den Werth seines Andenkens würdige und ins Licht setze. Nur denen wird dieses Gericht fürchterlich seyn, welche kein reines Gewissen und keine gute Absichten haben. Ich weiß wohl, daß ein solcher Geschichtschreiber große Eigenschaften, und mit dem Helden seiner Geschichte, wenn er es nicht selbst ist, fast gleiche besitzen muß. Ich verkenne nicht die Schwies

rige

tigkeiten, welche er zu überwinden haben würde, um
ein scharfsinniger, genauer und unpartheyischer Geschichtschreiber zu seyn. Um alles aus einander zu setzen
und vorzuschlagen, was erforderlich seyn würde, eine
solche in ihrer Art vollkommene Geschichte zu schreiben
und um davon eine vollständige Idee zu geben, hätte
ich noch viel zu sagen; meine jetzige Zeit und Muße
reichen aber nicht zu, um das Ideal einer eben so nöthigen
als nützlichen Anstalt auf eine ausführliche und vollständige Art zu entwerfen. Ich behalte es mir vor
für eine andere Zeit; ich glaube aber genug gesagt zu
haben, um das vernünftige und unpartheyische Publikum in den Stand zu setzen zu urtheilen, wie sehr
die Geschichte, diese ehrwürdige und dem menschlichen
Geschlecht so nützliche Wissenschaft, von den feilen
und übelgesinnten Schriftstellern, von den sogenannten Geschicht- und Annalenschreibern, von den
Sammlern der Schmähschriften und öffentlicher an-
züglicher Blätter, von den Aretins unserer Zeit,
verstellt und verdorben wird; welche den Namen und
das ehrwürdige Amt eines Geschichtschreibers sich
fälschlich anmaßen; ihre Feder dem Publikum und
Privatpersonen verkaufen und da sie keine andere
Quellen als die Zeitungen und die öffentlichen Gerüchte haben, durch ihre lebhafte und partheyische Ein-
bildungskraft und durch die Bosheit ihres Herzens
das fehlende ersetzen; welche sich zu Beurtheilern und

Rich-

Richtern der Handlungen der Regenten und der Staatsverwaltungen aufwerfen, ohne weder von diesen Handlungen, noch von den Begebenheiten, oder von deren Ursachen und Triebfedern eine hinlängliche, zusammenhängende, oder andere Kenntniß zu haben, als diejenige, welche die öffentliche Blätter ihnen darbieten, oder der Geist der Partheysucht, der Bosheit und der Feilheit ihnen eingeben. Ich könnte neuere und ganz frische Beyspiele von dergleichen Werken anführen, mit welchen das Publikum schon überschwemmt ist, oder noch bedrohet wird, und welche bloß dazu dienen, die gute Geschichte zu entstellen und sie zweifelhaft zu machen. In diesem Fall befindet sich vorzüglich die Geschichte Friedrichs II. und der Preußischen Monarchie; aber es wird früh oder spät irgend ein rechtmäßiger Richter auftreten, welcher diese sogenannten Geschichten nach den Regeln einer gerechten Kritik untersuchen, dem Publikum die Unwissenheit, die Unvollkommenheit und den bösen Willen ihrer Verfasser aufdecken, und so die Rechte der Wahrheit und der ächten Geschichte rächen wird.

Nachdem ich solchergestalt einen Theil meiner Ideen und meiner Bemerkungen über die Nützlichkeit und den Gebrauch einer guten Geschichte, welche ich in meiner gegenwärtigen Lage selbst noch nicht ausführen kann, mitgetheilet habe; so will ich

ich mich wenigſtens bemühen hiezu etwas beyzutragen, indem ich Stoff hiezu liefere, und als eine Fortſeßung der Abhandlungen, welche ich in den öffentlichen akademiſchen Verſammlungen der verfloſſenen Jahre verleſen habe, heute eine flüchtige und kurze Nachricht von den Verhandlungen des zweyten Regierungsjahres des jeßigen Königs vorlege, deſſen Thronbeſteigung auf den 17. Auguſt fällt. Den Anfang werde ich, wie ſonſt, mit den öffentlichen und auswärtigen Angelegenheiten machen. Ich habe ſchon am Schluß meiner leßten akademiſchen Vorleſung die Quelle der Unruhen, welche den Freyſtaat der Vereinigten Niederlande zerriſſen, und den Antheil bemerklich gemacht, den der König als Nachbar der Republik und als Bruder der Prinzeßin von Oranien, daran genommen hat. Dieſe verehrungswürdige Fürſtin, welche durch das beleidigende Verfahren der ſogenannten patriotiſchen Parthey gegen Ihren Gemahl, den Prinzen Erbſtatthalter, und durch die willkührliche Entſeßung deſſelben von dem Commando der Garniſon im Haag, gezwungen worden, ſich von dort nach Nimwegen zu begeben, wollte einen Verſuch machen, durch ihre Vermittelung die Einigkeit und die Ruhe wieder herzuſtellen, und unternahm zu dem Ende eine Reiſe nach dem Haag, als dem Siß der Generalſtaaten und der beſondern Staaten der Provinz Holland; ſie ward aber am 10. Julius 1787. von den Truppen und den

Commiſ-

Commiſſarien der patriotiſchen Parthey, in der Stadt
Schoonhoven angehalten, ſchimpflich behandelt und
nach Nimwegen zurückgeſchickt. Der König, wel=
cher die in der Perſon ſeiner Frau Schweſter ihm
wiederfahrne Beleidigung nicht gleichgültig anſehen
konnte, forderte von den Staaten von Holland des=
halb Genugthuung, und trug ihnen zugleich in einem
von ſeinem Geſandten, dem Herrn von Thulemeier,
übergebenen Memoire ſeine Vermittelung und eben
ſo gerechte als mäßige Vergleichs=Vorſchläge an.
Da Seine Majeſtät nach einem langen Verzuge
eine theils abſchlägige, theils ausweichende Ant=
wort erhielten, ſo beſchloſſen Sie, ſich im Nothfall
dieſe Genugthuung ſelbſt zu verſchaffen, und Sie
lieſſen zu dem Ende in dem Monat Auguſt ein Corps
von 20000 Mann unter den Befehlen des regieren=
den Herzogs von Braunſchweig in das Herzogthum
Cleve einrücken. Der Herr von Thulemeier ver=
langte durch ein Memoire vom 9. September von
neuem, daß die Staaten von Holland der Prinzeſ=
ſin von Oranien die gebührende Genugthuung ge=
ben, ſie wegen der Beleidigung um Vergebung bit=
ten, ihr die Beſtrafung derjenigen, welche ihr un=
ehrerbietig begegnet, anbieten, und ſie einladen ſoll=
ten, ſich nach dem Haag zu begeben, um an der
Beylegung der Streitigkeiten zu arbeiten. Dieſer
Geſandte verlangte binnen vier Tagen eine befriedi=

B   gende

gende Erklärung. Als die Staaten von Holland hierauf geantwortet, daß sie bey ihrer ersten Entschließung beharrten, aber Deputirten nach Berlin schicken wollten, nicht um Abbitte zu thun, sondern um ihr Verfahren zu rechtfertigen, rückte der Herzog von Braunschweig den 14. September mit seinem Corps Truppen in die Provinz Geldern und hernach in die Provinz Holland ein, und machte daselbst im Namen des Königs eine Erklärung bekannt, welche die Ursachen dieses Einmarsches enthielt, und die Einwohner von Holland ermahnte, sich nicht zu widersetzen. Die Stadt Gorkum, welche die sogenannten Patrioten vertheidigen wollten, mußte sich nach einigen Canonenschüssen ergeben. Rotterdam, Gouda, und andere beträchtliche Städte der Provinz Holland öfneten ihre Thore und nahmen Preußische Besatzung ein. Die starke patriotische Garnison zu Utrecht, unter dem Commando des Rhein-Grafen von Salm, zog sich am 15. nach Amsterdam zurück und überließ die Stadt Utrecht dem Prinzen Erbstatthalter. Die Deputirten, welche die vormalige Mehrheit der Stimmen in den Staaten von Holland ausmachten, verliessen am 18. den Haag und der Prinz von Oranien hielt den 20. daselbst seinen Einzug. Er ward von der Stimmen-Mehrheit der Staaten von Holland, welche nach dem Abzuge derjenigen, die das patriotische Triumvirat beherrsche

beherrschte, sich im Haag vereiniget hatte, in alle
seine Ehrenstellen und Würden wieder eingesetzt.
Die alten rechtmäßigen, von den Patrioten abgesetz-
ten Magiſträte wurden in den Städten hergeſtellt,
und ſo ward innerhalb fünf Tagen, unter dem
Schutz der Preußiſchen Truppen, in dem größten
Theile der Provinz Holland eine gänzliche Revolution bewirkt. Nur die Stadt Amſterdam, wohin
die Patrioten in großer Anzahl geflüchtet waren,
fuhr fort ſich zu widerſetzen; aber der Herzog von
Braunſchweig, welcher durch kluge und gut verbun-
dene Märſche mit ſeinen Truppen vorwärts gedrun-
gen war, eroberte unter dem tapfern und geſchickten
Beyſtand der Generale von Kalkreuth und Lottum
die feſten Plätze Naerden und Munden, und in
dem Gefechte vom 1. October bey Amſtelveen ſchlug
der Herzog die Patriotiſche Truppen, und bemäch-
tigte ſich, ohngeachtet der an verſchiedenen Orten
verſuchten Ueberſchwemmungen, aller Zugänge der-
geſtalt, daß dieſe ſtolze und volkreiche Stadt, welche
ehemals Ludwig dem XIV. und hundert tauſend
Franzoſen Widerſtand that, gezwungen ward, mit
einer kleinen Preußiſchen Armee zu capituliren, der-
ſelben das Leidenſche Thor zu öfnen und ſich den Re-
ſolutionen der Stimmenmehrheit in den Staaten
von Holland zu unterwerfen. Als dieſe Staaten ein-
ſtimmig geworden waren, beſchloſſen ſie, der Prin-

zeßin

zeßin von Dranien Genugthuung zu geben, alle gegen
den Erbstatthalter vormals ergangene Resolutionen
zu widerrufen, ihn in alle seine Ehrenstellen, Würden, und Vorrechte, wieder herzustellen; einen
Groß = Pensionair und ungefähr zwanzig andere
Pensionairs und Magistrats = Personen, als Urheber
der Unruhen und der wider den Erbstatthalter un-
ternommenen Neuerungen, abzusetzen; und die be-
wafneten Bürgerschaften und verschiedene patriotische
Corps zu entwafnen. Nachdem durch eine so kurze
als ruhmvolle und in ihrer Art einzige Unterneh-
mung, die Ruhe in den vereinigten Provinzen gänzlich hergestellt worden; führte der Herzog von Braunschweig, bedeckt mit Lorbern und den Seegnungen
des größten Theils der Holländischen Nation, im
Monat November das Haupt = Corps der Preußischen Truppen in ihre alte Garnisonen zurück, und
ließ nur ein Corps von vier tausend Mann unter dem
Commando des Generals Grafen von Kalkreuth
in der Gegend von Amsterdam, um die gute Ordnung
zu unterhalten. Dieses Corps blieb daselbst bis im
Frühling des folgenden Jahres, da es von Braun-
schweigischen und Anspachischen Truppen abgelöset
ward. Da der Französische Hof als Bundesver-
wandter der Republik im October 1787. einige
Kriegszurüstungen machte, und der Großbrittanische
Hof seinem Beyspiel folgte, so traten die Minister die-

ser

ser beyder Höfe und des Königs von Preußen zu Paris in Unterhandlung, um dem Ausbruch der Feindselig, keiten vorzubeugen, und die Höfe von Frankreich und Engeland kamen, vermöge einer von ihren Ministern unterm 27. October 1787. unterzeichneten Convention, dahin überein: daß man von beyden Seiten die Kriegsrüstungen einstellen und keine feindselige Absichten gegeneinander haben wolle. Diese Declaration geschah unter der Mitwirkung der beyden Preußischen Gesandten, und diese Triple-Declaration, welche als ein Friedensschluß angesehen werden kann, war es, welche der Wiederherstellung der durch die Holländischen Unruhen einigermaßen zerstörten allgemeinen Ruhe Europens das letzte Siegel aufdrückte. Auf diese Weise hat der König den Ruhm und das Vergnügen eingeerndtet, innerhalb vier Wochen, ohne großes Blutvergießen, durch geschwinde und nachdrückliche Maaßregeln, unter der weisen und tapfern Ausführung des Herzogs von Braunschweig, seiner Generale und eines kleinen Corps Preußischer Truppen, eine der größten Revolutionen in einem benachbarten Staat zu bewirken; das Haus Oranien in seinem ganzen alten Glanz herzustellen; der Republik Holland ihre Freyheit und Ruhe wieder zu schenken, und ihr ohne allen eigenen Vortheil den Beystand zu leisten, den sie von des Königs Ahnherrn, dem Churfürsten

Fried,

Friedrich Wilhelm, im Jahr 1672 erhielt, als
ludwig XIV. die Republik anfiel und der Churfürst,
welcher mit einer kleinen Armee nach dem Rhein
gegangen war, den großen König zwang, den be-
trächtlichsten Theil der Vereinigten Niederlande zu
räumen, und den Holländern dadurch Zeit ver-
schafte sich zu besinnen, durch eine Revolution die
Statthalterschaft herzustellen, und solchergestalt die
Republik von ihrem Untergang und von der
Nothwendigkeit rettete, nach Batavia zu flüchten;
eine Wahrheit, welche selbst der berüchtigte Ver-
faffer des Briefes an die Batavier hat anerken-
nen müffen. Dieser verwegene Schriftsteller mag
wider Friedrich II. wider Friedrich Wilhelm II. und
die Preußische Nation immerhin Beleidigungen
ausstoßen, er mag ihnen selbst auf eine kindische
Art drohen; die Kundbarkeit der Thatsachen, die
Begebenheiten, und die Gerechtigkeit des Publikums werden ihn immer lügen strafen. War es
nicht Friedrich II, war es nicht Friedrich Wilhelm
II; waren es nicht die Preußen, welche Teutschland,
Bayern und Holland freywillig, ohne Nebenabsicht,
ohne Belohnung, noch selbst Entschädigung zu verlangen, mit einer in der Geschichte aller andern
Nationen unerhörten großmüthigen Uneigennüßig-
keit, im Angesicht von ganz Europa, und gegen
Mächte die noch mehr als einmal so stark sind, ge-

rettet

rettet haben, bloß um Europa diejenige politische
Freyheit zu erhalten, von welcher man sich unter-
steht zu behaupten, daß die Preußen ihrer nicht
würdig sind; eine Freyheit, deren sie in der That
in einem höhern Grade genießen, als diejenigen,
welche damit prahlen und mit so vielem Geräusch
darauf Anspruch machen, ohne zu verstehen, weder
wie sie auf einen dauerhaften Fuß gegründet, noch
wie sie aufrecht erhalten werden kann? Haben diese
Preußen nicht in Holland eine Kriegeszucht beobach-
tet, deren keine andere Nation fähig ist; kann
man ihnen die Ausschweifungen zur Last legen,
welche durch den Geist der Rachgier getrieben, ein
Theil der Holländischen Nation gegen den andern
Theil sich erlaubt hat? Der gegenwärtige ruhige
und glückliche Zustand von Holland in Vergleichung
mit den Greueln des vormaligen Patriotismus, ist
die vollständigste Widerlegung aller der falschen
Beschuldigungen, welche der sogenannte Vertheis-
diger der Batavier in seiner Schmähschrift gegen
das Haus Oranien ausgestreuet hat, dem die Republik ihre Entstehung und ihre Erhaltung bis auf
den heutigen Tag schuldig ist, wie ein wahrheit-
liebender und unpartheyischer Geschichtschreiber solches aus der Geschichte Holland's selbst, und ohngeachtet aller gezwungenen und arglistigen Ausle-
gungen des Verfassers des Briefes an die Batavier,

B 4   sehr

sehr leicht wird darthun können. Der ganze Staat
der Republik Holland hat die Wichtigkeit der Revolution und des von dem Könige ihm geleisteten
großmüthigen Beystandes besser erkannt, und Se.
Königl. Majestät durch seinen Gesandten den Freyherrn von Reede feyerlich dafür danken lassen.
Dieser Minister, welcher zu dem Ende mit dem
Charakter eines ausserordentlichen Bothschafters
bekleidet worden, entledigte sich dieses glänzenden
Auftrags am 2. Januar in einer öffentlichen Au-
dienz durch eine schöne Rede, welche Se. Majestät
mit der wahren Beredsamkeit eines Königs Selbst
beantworteten. So sahe man an dem Königl.
Preußischen Hofe eine Ambassade und einen so
prächtigen und in der Geschichte so einzigen Auf-
tritt als die Holländische Expedition selbst es war.
Die Republik erkannte die Nützlichkeit und die
Nothwendigkeit der Revolution noch mehr durch
eine neue Convention, welche die sieben vereinigten
Provinzen unter sich schlossen, um sich wechselseitig
die Erhaltung der Statthalterschaft bey dem Durchlauchtigen Hause Oranien-Nassau, als wesentlich
zu der Constitution einer jeden Provinz gehörig, zu
garantiren, anstatt daß diese Constitution und die
der Statthalterschaft, bis dahin in einigen Provinzen sehr verschieden war. Eben diese Republik hat ge-
glaubt, ihre durch die Revolution wiederhergestellte

Con-

Conſtitution nicht beſſer ſichern und befeſtigen zu
können als durch einen Defenſiv-Allianz-Traktat
mit den Höfen von Berlin und London, welcher an
einem Tage, den 15. April 1788. in Berlin und
im Haag, jedoch mit jedem Hofe beſonders, voll-
zogen ward. Beyde garantirten der Republik Holland die Statthalterſchaft und die neue Conſtitution,
und verſprachen ſich wechſelſeitig mit der Republik
eine beſtimmte Hülfe wider jeden feindlichen An-
griff. Dieſes Bündniß erhielt eine neue Kraft
durch den Defenſiv-Allianz-Traktat, welchen der
König während ſeines Auffenthalts in Holland, am
13. Junius zu Loo mit dem Könige von Großbrit-
tannien ſchloß, und durch welchen beyde Höfe die
Garantie der Statthalterſchaft und der Conſtitution
von Holland übernahmen, auch ſich wechſelſeitig
eine beſtimmte Hülfe in allen Fällen, wenn ſie von
andern Mächten feindlich angegriffen werden ſollten,
verſprachen. Dieſe Verbindungen wurden durch
einen zwiſchen Preußen und England am 13. Auguſt 1788. zu Berlin geſchloſſenen neuen allgemei-
nern und ausführlichern Defenſiv-Allianz-Traktat
noch mehr verſtärkt. Aus allen dieſen Verhandlungen und Umſtänden urtheilt man leicht, mit
wie vieler Sorgfalt, Nachdruck und Erfolg der König in dem ganzen Lauf des verfloſſenen Jahres ſich
bemühet hat, die Unruhen in einem benachbarten

Staat beyzulegen, die natürliche Verbindung zwischen den Mächten wieder herzustellen, seine Staaten von der rechten Seite zu decken und den allgemeinen Frieden in dem Südlichen Theil Europens
eben so zu erhalten, als er den Ruhestand seiner
Staaten von der Nördlichen Seite durch ein fried-
liches aber zugleich standhaftes Benehmen ge-
sichert hat.

Dieser wichtige Gegenstand (die Beylegung der
Streitigkeiten in Holland) hat die Aufmerksamkeit
des Königs auf die Angelegenheiten des Teutschen
Reichs keinesweges vermindert. Er hat nicht nach-
gelassen die Verbindungen des Fürstenbundes
durch viele Gesandschaften an verschiedene Teutsche
Höfe, zu unterhalten und zu befestigen. Da er
durch den Tod des Freyherrn von Schwarzenau einen
geschickten Minister bey der Reichsversammlung zu
Regensburg verlohren, so hat er diese Stelle sogleich wieder durch einen Minister von geprüfter
Einsicht, den Herrn Grafen von Görtz besetzt,
welcher in den drey Gesandschaftsposten zu Mün-
chen, Petersburg und in Holland, sich rühmlich
ausgezeichnet, und auch zu Regensburg die Wahl
des Königs sehr bald gerechtfertigt hat, indem er
der erhabenen Versammlung des Reichs die Thätigkeit, woran es derselben seit langer Zeit gefehlt,
sogleich wiedergegeben, wie solches die mit vielem

Nach-

Nachdruck betriebene Berathschlagungen über eine beſſere Einrichtung der Senate des Reichskammergerichts zu Wezlar, zeigen. Der König hat als Churfürſt zu Brandenburg durch ſeine viele Stimmen das meiſte beygetragen, daß der Reichstag einen Schluß genommen, wodurch man dem erſten und höchſten Gerichtshofe des teutſchen Reichs eine neue Feſtigkeit und Thätigkeit gegeben hat. Dieſe Probe zeigt, daß der teutſche Fürſtenbund nicht einſchlummert, und daß derſelbe, nach dem möglichen Lauf großer Angelegenheiten, die rechtmäßigen und billigen Erwartungen des Publikums und der teutſchen Patrioten erfüllt.

Wenn der König ſolchergeſtalt in ſeinem zweyten Regierungs=Jahre die großen öffentlichen und auswärtigen Geſchäfte mit ſo vieler Thätigkeit und Erfolg geleitet und behandelt; ſo hat er es nicht weniger in Anſehung der innerlichen Angelegenheiten des Staats gethan, indem er den Geſchäftsgang, die einmal feſtgeſetzte und unveränderliche Ordnung der Dinge, den Zuſammenhang, und die einförmige Lebensart beybehalten, wovon Friedrich II. den Ton und ein ſo glückliches Beyſpiel gegeben hat. Seit dem 14. Auguſt bis zum 1. September 1787. that er die gewöhnliche Reiſe nach Schleſien, und unterſuchte den Zuſtand dieſer

ſer ſchönen Provinz, beſonders aber der Feſtungen.
Er hielt die Revûe von der ganzen Schleſiſchen
Armee mit den gewöhnlichen Kriegsübungen, und
gab dieſer Provinz wiederholte Beweiſe ſeiner lan-
desvàterlichen Sorgfalt, welche ein einſichtsvoller
Staatsminiſter, der Herr Graf vom Hoym ſeiner
Seits unermüdet und mit dem größten Erfolge
unterſtützt. Nach ſeiner Zurückkunft, hielt der
König den 20. September bey Potsdam von
neuem die Kriegsübungen, welche dort gewöhnlich
von der Potsdamſchen, Brandenburgiſchen und
einem Theil der Berlinſchen Garniſon ausgeführet
werden, um die Truppen und die Officiers in be-
ſtändiger Uibung zu erhalten. Als die angenehme
Jahrszeit verfloſſen war, brachte der König den
größten Theil des Herbſtes und des Winters in
Berlin zu, und gab dem Publikum und den Fremden die gewöhnlichen Winter- und Carnavals-Luſt-
barkeiten, beſonders in dem Opernhauſe, welches
durch die Bemühungen eines großen Baumeiſters
und würdigen Nacheiferers eines Vitruvius, eines
Perreault und eines Schlüters, nach einem neuen
und glänzenden Geſchmack verbeſſert und verzieret
worden. Dieſe Zeit der Luſtbarkeiten und der An-
weſenheit des Königs ward zugleich genutzt, um
ſowohl die auswärtigen als innerlichen Angelegenheiten vorzubereiten und anzuordnen, und um
ihnen

ihnen einen desto bessern Fortgang zu verschaffen.
Mit dem Monat März beschloß der König seinen
Aufenthalt zu Berlin, begab sich nach Potsdam,
und ließ unter seiner Aufsicht die schönen Regimen-
ter der dortigen Garnison, welche den Ton angiebt
und der übrigen Armee zum Muster dient, in den
Waffen üben. Den 21. bis 23. May hielt der
König die gewöhnliche Revue von der zahlreichen
Berlinschen Garnison, und verschiedenen fremden
Regimentern, und ließ dabey neue und geschickte
Kriegsübungen unter der Anordnung des großen
und einsichtsvollen Oberhaupts dieser Garnison ausführen; sehr viele Fremden und einige große Reichs-
fürsten, als der Landgraf von Hessen-Cassel und der
Herzog von Sachsen-Gotha, waren Zeugen und
Bewunderer dieses schönen Schauspiels. Nach der
Berlinschen Revue, musterte der König auf einer
schnellen Reise die Truppen in der Provinz Neumark, in Pommern, im Herzogthum Magdeburg,
und die in den Westphälischen Provinzen im Lauf
des Monats Junius. Bey dieser Gelegenheit und
in beständiger Begleitung des würdigen Thron-
erben, stattete der König bey der Durchreise den
Höfen zu Braunschweig und Hannover einen Be-
such ab. Er bereisete sodann seine Westphälischen
Provinzen und unterrichtete sich von ihrem Zustand
besonders von Minden, Cleve und der Grafschaft
Mark

Mark, länder welche sehr viele Leinwand= und Eisen=
Fabriken haben, denen der König nach den Vor=
schlägen des ihn begleitenden würdigen Finanz=Mi=
nisters dieser Provinzen, alle nur mögliche Aufmun=
terungen gab. Auch erhielt der König bey Gele=
genheit dieser Reise, zu Wesel eine Gesandschaft des
Pabstes, die erste welche jemals ein König von
Preußen empfing, und dadurch eine öffentliche An=
erkennung des von dem Römischen Hofe bis dahin
verweigerten Preußischen Königstitels. Aber das
merkwürdigste von dieser ganzen Reise war, daß der
König bis nach Loo in Geldern gieng, und dort seine
geliebte Schwester und ihre liebenswürdige Familie
besuchte. Hier empfing er auch sehr rührende Dank=
barkeits=Bezeugungen von einem großen Theil der
Holländischen Nation, welche herbey eilte, um ihren
Befreyer und dessen Königlichen Nachfolger von
Person kennen zu lernen und zu segnen. Der kurze
zweytägige Aufenthalt zu Loo ward auch denkwürdig
und interessant durch die Unterzeichnung eines Ver=
theidigungs=Bündnisses zwischen Preußen und En=
geland, welches vorzüglich die Aufrechthaltung der
Constitution und der Freyheit der vereinigten Nie=
derlande zum Gegenstande hatte. Nachdem die
Westphälische Reise geendigt und der König nach
Potsdam und Charlottenburg, seinem gewöhnlichen
Aufenthalt, zurückgekommen war, wendete er seine

Zeit

Zeit dazu an, um mit seinen Ministern den neuen Finanz-Etat, welcher gewöhnlich mit dem 1. Junius seinen Anfang nimmt, durchzusehen und in Ordnung zu bringen; um über die auswärtigen Angelegenheiten, welche in diesem Sommer so merkwürdig geworden sind, zu wachen, und um sich zu einer neuen Reise nach Schlesien, welche in der Mitte des Monats August anfängt und gerade in die Zeit seiner Thronbesteigung fällt, vorzubereiten. Den Tag vor seiner Abreise, den 13. August unterzeichnete ich noch mit dem Königl. Großbrittanischen Gesandten zu Berlin einen neuen Defensiv-Allianz-Tractat zwischen Preussen und Engeland.

Aus diesem flüchtigen und kurzen Abriß des zweyten Jahres der jetzigen Regierung, urtheilt man leicht, daß es nicht in Unthätigkeit verflossen; sondern daß der König; und nach seinem Beyspiel, seine Generale und Minister, es mit der, der Preußischen Staatsregierung anklebenden nützlichen und kraftvollen Wirksamkeit vollbracht und angefüllt haben. Dieses Jahr zeichnet sich auch auf eine merkwürdige Art aus durch mehrere gute und neue Einrichtungen in den verschiedenen Zweigen der Staatsverwaltung, wovon ich hier nur die erheblichsten berühren will.

Der

Der Etat der Armee und das ganze Kriegs=
wesen ist durch die unermüdete Sorgfalt des Kö=
nigs, und durch das von ihm gleich beym Antritt
seiner Regierung, unter dem Vorsitz der einsichts=
vollesten und erfahrensten Generale niedergesetzte
Oberkriegs = Collegium beträchtlich vermehrt und
verbessert worden. Man hat die Garnison=Regi=
menter eingehen lassen und daraus Depot=Bataille
lons gemacht, welche dazu dienen, theils die Inva=
liden unterzubringen, theils für die Feldregimenter
erwachte Rekruten daraus zu ziehen. Jedes Regi=
ment hat statt der bisherigen zwey Grenadier=Com=
pagnien, ein ganzes Bataillon Grenadiers erhalten;
und ist überhaupt in drey Bataillons, jedes von vier
Compagnien, abgetheilt worden. Durch diese Ein=
richtung sind die Grenadiers nicht mehr so zerstreut
wie vormals, sondern mehr vereinigt. Die Regi=
menter haben die eigene Werbung der ausländischen
Rekruten wieder erhalten, und man hat ihnen solche
dadurch erleichtert, daß man die Capitulation abge=
kürzt und sie fest zu halten versichert hat. Der Sold
der Truppen, besonders der Officiers, ist erhöhet, und
die Regimenter sind auf gleichen Fuß gesetzt worden.
Man hat die Zahl der Officiers, und selbst der Unter=
officiers vermehrt. Das Artillerie = Corps ist besser
vertheilt, und dabey in aller Absicht mehr Einförmig=
keit eingeführt worden. Bey der Soldaten=Kleidung
hat

Hat man nützliche und angenehme Veränderungen an-
gebracht. Der König hat zum Unterhalt der Invaliden beträchtliche Summen angewiesen und läßt für
sie in allen Provinzen Häuser bauen. Ueberhaupt
haben Se. Majestät zu besserer Unterhaltung der
Armee, den Krieges-Geld-Etat beträchtlich erhöhet,
und große Summen verwandt, um die Festungen,
besonders Graudenz und Wesel, nicht bloß zu unterhalten, sondern auch in bessern Stand zu setzen.

Der Etat der Finanzen und Domainen ist nicht
allein in der alten guten Ordnung erhalten, sondern
auch, vorzüglich in Ansehung der Königl. Gebäude,
erhöhet und verbessert worden. Man hat die Bewäs-
serungen an der Oder und Warthe bey Cüstrin und
auch in Preußen erweitert und ausgebessert. Zu Be-
förderung des Aufbaues der eingeäscherten Stadt
Ruppin hat man angefangen einen neuen Canal zu
ziehen, und im Herzogthum Magdeburg ist die dort
angelegte große und schöne Chaussee fortgesetzt worden. Der König hat in der Mark, in Westpreußen
und Litthauen verschiedene beträchtliche Stutereyen
anlegen, und aus der Moldau einige hundert Stuten
kommen lassen. Man hoft auf diese Art es allmäh-
lig dahin zu bringen, daß die Cavallerie aus dem Lande selbst, mit den nöthigen Pferden versorget werden
kann, ohne weiter nöthig zu haben, dafür große

C   Geld-

Geldsummen in das Ausland zu schicken. Der König hat von neuem eine große Anzahl schöner Häuser zu Berlin und Potsdam bauen lassen und solche den Eigenthümern geschenkt. Ueberhaupt haben Se. Königl. Majestät zur Verbesserung des Landes und zur Unterstützung der Unterthanen beträchtliche Summen verwandt, welche zufolge der dieser Abhandlung beygefügten ausführlichen Nachweisung über drittes halb Millionen Thaler ausmachen.

Die Bevölkerung des Landes hat sich nicht vermindert; sie hat vielmehr zugenommen, indem die Anzahl der Gebornen in dem vergangenen Jahre sich auf 212,000 beläuft.

Man hatte einige Abnahme der einländischen Fabriken besorget, weil der Preis der Wolle, der Baumwolle und der Seide sehr hoch gestiegen war und sich das Gerücht verbreitet hatte, daß man den fremden Fabrikwaaren die freye Einfuhre verstatten würde. Diese Meynung hat aber nicht die Oberhand behalten; der König hat vielmehr bloß den Provinzen Schlesien und Preussen erlaubt, zum auswärtigen Debit eine eingeschränkte Quantität fremder Fabrikwaaren einzubringen. Se. Majestät haben sogar eine jährliche Summe von 150,000 Thalern angewiesen, und dadurch die einländischen Fabriken zu unterstützen,

ihnen

ihnen Bonificationen zu ertheilen, Magazine anzu-
legen und den kleinen Fabrikanten Vorschüsse zu geben.
Vermittelst dieser Aufmunterungen und der Erleichte-
rungen, welche man in Ansehung der Messe zu
Frankfurth an der Oder bewilligt, haben die Fabriken
daselbst in der letzten Messe, welche eine der glänzend-
sten gewesen, einen ausserordentlich starken Absatz
gehabt.

Durch die dem Tobacksbau, auf Kosten des
Staatseinkünfte, verliehene uneingeschränkte Freyheit, hat derselbe in dem verflossenen Jahre sich sehr
vermehret.

Der Seidenbau, welcher durch verschiedene harte
Winter und üble Seidenernödten, sehr in Verfall ge-
rathen war, hat in diesem Jahr unter der von Sr.
Königl. Majestät mit einer Vermehrung der Fonds,
mir aufgetragenen Direktion, durch meine unermüdete Sorgfalt und durch die großen Aufmunterungen,
mit welchen ich die Maulbeer-Baum-Zucht und den
Seidenbau unterstützt, sich sehr verbessert; wenigstens
hat die Zahl der Seidenbauer zugenommen. Ueber
diesen Gegenstand werde ich ein andermal nach gänzlicher Beendigung der Seidenernödte und der Abhaspe-
lung, besondere Rechenschaft ablegen.

C 2   Der

Der auswärtige Handel muß zugenommen haben, weil man ihm mehr Freyheit verliehen und die
Durchgangsabgaben, besonders in Ansehung von Pohlen und der Nordischen Länder, sehr vermindert hat.
Die zum allgemeinen Handel der Preußischen Staaten so gut gelegene Stadt Stettin hat durch die
ihr verwilligte Getreideausfuhr einen neuen Hand-
lungszweig gewonnen; die größere Anzahl Schiffe,
welche in allen Monaten in den Swinemünderhafen
eingelaufen sind, giebt davon den Beweis.

Die Zeit und die Umstände haben mir nicht erlaubt, dieser Vorlesung ein allgemeines Verzeichniß
unserer Fabrikation und Ausfuhre beyzufügen. Ich
behalte es mir zu einer andern Gelegenheit vor; ich
kann aber vorläufig versichern, daß wenn dieses Verzeichniß nicht dasjenige übersteigt, welches ich bey meinen vorigen Abhandlungen mitgetheilt habe, es wenigstens nicht geringer ist.

Durch die Sorgfalt unsers unermüdeten und pa-
triotischgesinnten Großkanzlers macht die verbesserte
Justizeinrichtung noch immer große Fortschritte.
Dieser Minister giebt sein neues Gesetzbuch in einzel-
nen Theilen heraus und benutzt die freymüthige Beurtheilung des Publikums um sein Werk zu vervoll-
kommen. Eben so hat er nach und nach die neue
Pro-

Prozeßordnung völlig in den Gang gebracht, und das durch die Anzahl der Prozesse sehr vermindert. Das Creditsystem, welches er in Schlesien, in Pommern und in der Mark Brandenburg eingerichtet hat, ist jetzt auch sowohl in Ost- als Westpreussen eingeführet worden. Durch dieses Mittel hat sich in letzterer Provinz der Umlauf des Geldes, der Werth der Güter und der Ackerbau selbst, bald sehr vermehrt und verbessert. Die Auswanderung des Pohlnischen Adels hat fast gänzlich aufgehöret, und dieses sonst beynahe wüste unbebauete Land beginnt eine der schönsten Provinzen zu werden.

Der König hat den zur Verbesserung der Schulen bestimmten Fond sehr vermehrt. Jederman weiß, welche Aufmerksamkeit er auf die Aufrechthaltung der Religion richtet, ohne jedoch weder die Denk- noch die Preßfreyheit einzuschränken, und ohne den Fortgang des philosophischen Untersuchungs-Geistes zu hemmen.

Ich glaube, daß alles was ich von den Verhandlungen des verflossenen Jahres vorgetragen habe, hinlänglich zeigt, daß in der Preußischen Staatsverwaltung und in der Nation noch immer der Charakter und der Geist von kraftvoller Wirksamkeit, von kriegerischer und bürgerlicher Thätigkeit, von Großmuth und von

C 3

Ges-

Gerechtigkeit lebt, welchen Friedrich II. auf uns ver, erbt hat, und welchen eine ununterbrochene Folge guter einsichtsvoller und thätiger Regenten, welche die Nation lieben und würdig sind von ihr geliebt zu werden, uns zu gewähren scheint.

Ich schließe mit Beyfügung des Verzeichnisses der ausserordentlichen Summen, welche der König in dem verflossenen Jahre zum Besten seiner Staaten und zu Unterstützung seiner Unterthanen bewilligt hat. Sie betragen über drittehalb Millionen Thaler, und geben einen neuen nicht zweifelhaften Beweis von der Freygebigkeit des Königs, von seiner Theilneh-mung an der allgemeinen Wohlfarth, und zugleich von dem guten Zustande seiner Finanzen; denn diese Ausgaben werden von dem Ueberschuß der Staatsein-künfte genommen, und thun weder den etatsmäßigen Ausgaben, noch dem Schatz, welcher wesentlich zur Preußischen Monarchie gehört, den geringsten Ab-bruch.

Verzeichniß

der Summen, welche der König vom 1ſten Junius
1787 bis zum 1ſten Junius 1788 aufferordentlicher
Weiſe zum Beſten ſeiner Staaten und ſeiner Unterthanen geſchenket hat.

Churmark Brandenburg.

1) Zum Bau öffentlicher Gebäude und Pri-
vathäuſer in Berlin und Potsdam   =   540,000 Rthl.

2) Zu Meliorationen adelicher Güter in
der Mark   =   =   =   =   108,000   =

3) Zu einem Canal zum Torf-Transport
von Linum   =   =   =   =   20,000   =

4) Zu Bauten auf den Königl. Aemtern   50,000   =

5) Zu Unterhaltung der Canäle   =   10,000   =

6) Zu Verbeſſerung der Fabriken   =   150,000   =

7) Zu Maulbeerbaumplantagen und zum
Seidenbau   =   =   =   =   =   6,000   =

8) Zum Beſten der Bergwerke   =   20,000   =

9) Zu Anlegung von Stutereyen   =   200,000   =

10) Zur Verſorgung der Invaliden   =   100,000   =

11) Zum Bau eines Invaliden-Hauſes zu
Straußberg   =   =   =   =   =   36,000   =

12) Zum Bau von vier Invaliden-Häu-
ſern in der Churmark, auf Abſchlag   =   60,000   =

1,300,000   =

13) Zur Entſchädigung für die Chefs und den Unterſtab der eingegangenen Garniſon= Regimenter   :   :   :   :   12,000 =

14) An die Schul=Commißion   :   7,000 =

15) Zu Kirchen= und Pfarr=Bauten   =   5,000 =

16) Zum Bau eines Schulhauſes zu Brandenburg   :   :   :   3,000 =

17) Beyhülfe für das Wayſenhaus zu Potsdam   :   :   :   4,000 =

18) Zum Bau eines Wachthauſes zu Brandenburg   :   :   :   2,000 =

19) Zum Beſten der eingeäſcherten Stadt Ruppin   :   :   :   30,000 =

20) Für den Geſundbrunnen zu Freyen= walde   =   :   :   :   10,000 =

                           1,373,000 =

Neumark.

21) Zur Bewallung der Oder und der Warthe   :   :   :   60,000 =

22) Zu Aemter=Bauten und Reparaturen   10,000 =

23) Dem Züllichauiſchen Wayſenhauſe   14,000 =

24) Zu 44 Tagelöhner=Häuſern   =   6,000 =

                           90,000 =

Pommern.

25) Zu Meliorationen in Pommern und in der Neumark   =   :   =   90,000 =

26) Zu Aemter=Bauten und Reparaturen   15,000 =

                           105,000 =

Oſt-Preuſſen.

27) Dem Credit-Syſtem zum Fond   200,000 =
28) Zu Meliorationen in Oſt- und Weſt-
Preuſſen   =   =   =   100,000 =
29) Zum Bau eines Irrenhauſes zu
Königsberg   =   =   =   12,000 =
                           ―――――
                          312,000 =

Weſtpreuſſen.

30) Zur Feſtung Graudenz   =   =   250,000 =
31) Zum Bau der abgebrannten Stadt
Krojancke   =   =   =   3,300 =
32) Zinſen für ein zum Behuf des Credit-
Syſtems aufgenommenes Capital   =   4,000 =
                           ―――――
                          257,308 =

Herzogthum Magdeburg.

33) Zum Chauſſee-Bau   =   50,000 =
34) Zu verſchiedenen Meliorationen   =   23,000 =
35) Um der Elbe bey Magdeburg eine
beſſere Richtung zu geben   =   =   16,800 =
36) Zur Entſchädigung der Halliſchen
Stadtcämmerey wegen der an die Univerſi-
tät bezahlten Beſoldungen   =   =   700 =
                           ―――――
                          87,500 =

Fürstenthum Halberstadt.

37) Zur Reparatur der Probstey-Gebäude zu Quedlinburg   =   =   3,000 Rthlr

38) Zur Reparatur der Kirche und der Gebäude des Lieben-Frauen-Stifts zu Halberstadt   =   =   =   5,000 =

8,000 =

Westphälische Provinzen.

39) Zu verschiedenen Meliorationen   =   40,000 =

40) Zur Anlegung eines Magazins für die Bergleute im Sauerlande   =   =   12,300 =

41) Zum Festungsbau zu Wesel   =   40,000 =

92,300 =

Schlesien.

41) Zum Festungs-Bau   =   =   216,000 =

42) Zu einem Invaliden-Hause   =   45,000 =,

43) Zu Chausseen   =   10,000 =

44) Zum Bau der abgebrannten Häuser zu Landshut   =   =   3,500 =

45) Zum Bau einiger Häuser zu Neumark   =   =   =   6,000 =

46) Zu Bauten in Breßlau   =   7,800 =

47) Desgleichen zu Glatz   =   =   2,300 =

48) Zu Kirchen- und Schul-Bauten   =   4,000 =

49) Zur Entschädigung der Unterthanen wegen erlittenen Hagelschadens   =   =   5,700 =

50) Desgleichen wegen Ueberschwem=
mungen   =   =   =   6,000   =

51) Vorschuß zum Getreide=Ankauf   =   3,200   =

52) Zur Bewallung der Oder   .   =   14,400   =

53) Zu Forst=Verbesserungen   =   3,200   =

54) Zu 150 Tagelöhner=Häusern   =   6,000   =

55) Zu Preisen und Fabrik=Verbesse=
rungen   =   =   =   3,300   =

56) Zu Spinnschulen und zu einem Sei=
denbauhause zu Ohlau   =   =   4,000   =

57) Zur Beyhülfe für das neue Armen=
Haus zu Breßlau   =   =   =   3,000   =

58) Zur Herstellung der abgebrannten
Silberhütte zu Tarnowitz   =   =   4,000   =
                                        _____
                                        347,400   =

Hauptsumme 2,672,500 Rthl.

Rede

Rede

welche

am Geburtstage des Königs,

den 25. September 1788.

in der öffentlichen Versammlung der Akademie
der Wissenschaften zu Berlin vorgelesen worden

von

dem Grafen von Hertzberg,

Königl. Staatsminister, Curator und Mitgliede der Akademie.

Aus dem Französischen.

Es ist eine Eigenthümlichkeit, und wie ich glaube, ein
unterscheidender Vorzug unserer Akademie der Wiſſenschaften und ſchönen Künste, daß ihre Mitglieder
sich nicht bloß mit Gegenständen ihres unmittelbaren
Berufs zu Bearbeitung der höhern Wiſſenschaften,
der Geometrie, der Physik, der Philoſophie und der
ſchönen Künste beſchäftigen, ſondern daß ſie auch auf
alle Arten von Kenntniſſen und Verſuchen, welche
der menschlichen Geſellſchaft und dem Staat beſonders
nützlich sind, eine vorzügliche Aufmerkſamkeit richten.
Ich glaube es ſelbſt als einen Vortheil und als ein

Vor-

Vorrecht sowohl des Staats als unserer Akademie an«
sehen zu können, daß sie ihre drey öffentlichen Ver«
sammlungen zur Feyer ihrer Stiftung, des Geburts«
tags des Königs und seiner Thronbesteigung dazu an«
wenden darf, um dem Publikum und der Nation von
den vornehmsten Verhandlungen der Staatsverwal«
tung in dem verflossenen Jahre Nachricht zu geben,
und auf diese Weise glaubwürdige Jahrbücher von
der Preußischen Monarchie einzuführen. Dieses
Geschäfts habe ich mich schon in der öffentlichen Ver«
sammlung zur Feyer der Thronbesteigung des Kö«
nigs, am 21. August, entlediget. Ich habe es auf
eine für die ganze Preußische Nation desto befriedi«
gendere und angenehmere Weise thun können, da
das vergangene Jahr uns so wichtige, so ehrenvolle
und so glänzende Verhandlungen und Begebenhei«
ten darbiethet, welche allein eine ganze Regierung
berühmt machen könnten. So hat der König nach
dem Beyspiel seines Ahnherrn des Großen Chur«
fürsten, einer freundschaftlichen und benachbarten
Republik durch eben so geschwinde als nachdrückliche,
und auf eine nicht erhörte Art von dem Helden des
Jahrhunderts ausgeführte Entschließungen, die ver«
lohrne Freyheit und Einigkeit wiedergeschenkt: eine
Begebenheit, wovon man in der Geschichte kein an«
deres Beyspiel findet, als die berühmte Gesand«
schaft eines Popilius an den Syrischen König An«
tiochus,

tiochus, um Rom's Bundesverwandten Ptolomäus
zu retten. Eine Folge davon war jene große Revolution, die zweyte welche das Haus Brandenburg in
Holland bewirkt hat, wodurch die Republik von ihrem
Untergange gerettet, und das Durchlauchtige Haus,
welche mit derselben, so wie mit dem Königlich Preuß-
sischen Hause durch die heiligsten Bande vereiniget
ist, gerächt und in seinen alten Glanz hergestellet
worden. Eine nicht weniger erhebliche Folge dieser
Revolution ist die Wiederherstellung eines großen
Systems des politischen Gleichgewichts, welches für
das von Europa wesentlich und nothwendig, und
durch drey in dem Lauf dieses Jahres zu Berlin und
Loo, zwischen Preußen, Engeland und Holland ge-
schlossene Bündnisse befestiget worden. Es ist für
uns, für das Königliche Haus und für die ganze
Preußische Nation eine höchst angenehme Erscheinung,
in dieser Stadt, und selbst in dieser Versammlung
einen Durchlauchtigen Zweig *) jener erhabenen
Heldin zu sehen, welche zu dieser großen und glücklichen Revolution Gelegenheit gegeben hat durch einen
eben so starken als großmüthigen auf eine Art aus-
geführten Entschluß, der des Blutes, aus welchem
sie abstammt, würdig ist. Die Reise welche der
König mit dem Erben seiner Krone gethan hat, und
die

*) Der Durchlauchtige Erbprinz von Oranien und Nassau.

die bey dieser Gelegenheit sowohl zwischen den Prin=
zen beyder hohen Häuser, als zwischen den Natio=
nen selbst gemachte persönliche Bekanntschaft, muß
durch die Vermischung der Gesinnungen gerechter
Dankbarkeit mit der nähern Vereinigung des poli=
tischen Interesse, die schon so natürliche Verbindung
zwischen beyden Staaten noch mehr verstärken.
Welche Vortheile können die beyden Nationen nicht
von einer persönlichen und so vollkommenen Eintracht
ihrer jetzigen und künftigen Oberhäupter erwarten,
und welches angenehme und glänzende Schauspiel ist
es nicht für die gegenwärtige Versammlung unserer
Akademie, daß sie heute die Hoffnungen beyder Na=
tionen in den Durchlauchtigen Personen der blühend=
sten Jugend, bey sich versammlet siehet, welche durch
das Blut der hohen Häuser Brandenburg und Naß=
sau vereinigt, nur von den Beyspielen der Friedriche
und der Mörize und von dem Verlangen belebt wer=
den, diese großen Muster einst wieder hervorzu=
bringen. Welch ein anderer Gegenstand des Ver=
gnügens muß es nicht für unsere Akademie seyn, in
dieser Versammlung einen großen Prälaten *) zu
erblicken, welcher jetzt die vornehmste Hoffnung des
teutschen Staatskörpers, dieser großen weit über die
Ver=

---

*) Herrn Baron von Dalberg, Coadjutor des Chur=
fürsten zu Mainz.

Versammlung der Amphictyonen erhabenen Republik
von Königen und Souverains, ausmacht! Aus dem
edelsten und ältesten Blut der Teutschen entsprossen,
und Erbe ihrer altväterlichen Gesinnungen von Recht-
schaffenheit, Prunklosigkeit und Kraft hat er gewußt
die Vorzüge seiner Geburt durch seine Talente, durch
die vortreflichsten Eigenschaften des Herzens und des
Geistes, vergessend zu machen und auf eine beyspeils
lose Art die Stimmen des ersten und ehrwürdigsten
Teutschen Hochstifts und des ersten Churfürsten des
teutschen Reichs zu vereinigen; eines Fürsten, welcher
in der Geschichte Teutschlands eine der größten
Epochen machen wird, weil er die Vorurtheile des
Partheygeistes und der Religion zu überwinden gewußt, und sich mit zwey Königen von Preußen und
ihren nicht weniger ehrwürdigen Bundesverwandten
vereiniget hat, um dem Reichstage eine Thätigkeit
und dem ganzen Teutschen Reiche eine Eintracht und
Stärke zu geben, deren man selbiges bis jetzt nicht
fähig gehalten hatte. Da der Herr Coadjutor zu
Mainz durch die scharfsinnigsten Schriften gezeigt hat,
daß er nicht weniger ein großer Gelehrter, als ein
großer Staatsmann ist, wie letzteres seine einsichts-
volle und glückliche Regierung eines Landes beweiset,
welches ihn innig verehrt, so würde unsere Akademie
es als eine Ehre und als einen besondern Vorzug an-
sehen, wenn er die Stelle eines Ehrenmitgliedes und

das

das Diplom annehmen wollte, welches die Akademie
durch einstimmigen Zuruf und mit Genehmigung
des Königs ihm überreicht. Ich hoffe, daß der Herr
Baron, dieses Opfer, welches wir seinen Tugenden und seinen großen Eigenschaften darbringen,
sich gefallen lassen, und als Mitglied der Akademie
einigen Antheil an dem Glück der Preußischen Monarchie und an der Freude nehmen wird, mit welcher wir heute den Geburtstag eines Königs feyern,
der, als Vater des Vaterlandes und als Wohlthä-
ter des menschlichen Geschlechtes, allgemein geliebt
wird.

So wie ich in der letzten öffentlichen Versammlung von der allgemeinen und öffentlichen Staatsverwaltung Rechenschaft gegeben habe, so wollte
ich es in der gegenwärtigen Versammlung in Ansehung der innern Angelegenheiten thun, welcher
ich in meiner letzten Abhandlung nur kurz erwähnt
habe; da ich aber durch dringendere Geschäfte davon
abgehalten worden, so begnüge ich mich, hier nur
im allgemeinen einige Gegenstände der innerlichen
Staatsverwaltung zu berühren. *)

Da

*) Ich behalte mir auch vor, dem Publikum, so bald ich
Muße dazu habe, zu zeigen, daß der eingebildete Ver-
faffer des Werks, welches den prächtigen Titel führt:
Ueber die Preußische Monarchie unter

D Fried-

Da der König mir die besondere Direktion des
National-Seiden-Baues aufgetragen hat, welcher
durch drey sehr kalte Winter und Frühlinge fast
ganz vernichtet war, so ist es mir gelungen, den
Eifer

Friedrich II. auf eine eben so ungerechte als un-
bescheidene Art die Balanz von dem Gewinn
der Preußischen Fabrik- und Manufaktur-
Waaren, welche ich in meiner sechsten akademischen Abhandlung bekannt gemacht, angegriffen hat.
Ich werde ihm beweisen, daß fast alles was er über
diesen Gegenstand sagt, auf mangelhafte oder will-
führliche Berechnungen, oder auf eben so falsche Thatsachen als gewagte Raisonnemens, womit sein ganzes
Werk angefüllt ist, beruhet. Itzt begnüge ich mich
nur eine Bemerkung anzuführen, welche mir in dieser
Sache entscheidend zu seyn scheint; nemlich, daß die
Balanz oder Tabelle, welche ich publicirt habe, aus
der General-Tabelle der Fabrikationen gezogen
ist, die das General-Direktorium dem Könige am
Schluß eines jeden Jahres vorlegt; nun gründet sich
aber diese General-Tabelle auf die Accise- und Zoll-
Rechnungen, und diese hinwiederum auf die Angaben
der Kaufleute. Da es nun bekannt und auch natür-
lich ist, daß die meisten Kaufleute ihre Ein- und Ausfuhr unter dem wahren Werth angeben, um dadurch
die Abgaben zu verringern, so folgt daraus, daß weder
die General-Tabelle, noch meine besondere, für über-
trieben gehalten werden, und man vielmehr eine grös-
sere Ausfuhr annehmen kann. Ein jeder, der meinen
persönlichen Charakter kennt, wird mich nicht beschul-
digen,

Eifer eines großen Theils der Nation, besonders
der Landprediger und Küster, für diesen nicht un-
bedeutenden Zweig der National-Industrie wieder
zu beleben, dergestalt, daß in dem vergangenen
D 2
Som-

digen, dieses Waaren-Verzeichniß erdacht oder über-
trieben zu haben, auch kann ich es noch immer mit
Originalien belegen. Alles was der H. v. M. gegen
die Leinwands-Fabrikation von 9 Millionen anführt,
ist ein bloßes Gewebe von falschen Schlüssen. Er
gesteht selbst, daß unsere Leinwands-Fabrikation jähr-
lich über 9 Millionen Rthl. beträgt; aber ich habe ja
in meiner Tabelle nicht die Ausfuhr, sondern die Fabrikation der Leinwand zu 9 Millionen angegeben, und
darunter ganz deutlich den inländischen Verbrauch mit
begriffen. Wenn H. v. M. dagegen eifert, daß wir
unsere Leinwand über Hamburg und nicht über Stettin ausführen, so muß er nicht wissen, daß die Schle-
sische Leinwand als eine Waare von geringem Um-
fange die Kosten der längern und gefährlichern Schiff-
farth auf der Ost- und Nordsee nicht tragen kann,
nicht zu gedenken, daß die Schlesischen Kaufleute ihre
Rechnung dabey finden, ihre Leinwand an Hamburgi-
sche und Englische Kaufleute zu verkaufen, welche mehr
Verbindungen mit den Spanischen Kaufleuten haben,
als die Stettiner haben können. Wir wissen ohne die
Belehrung des H. v. M. daß der Hafen von Stettin
der wichtigste der Preußischen Monarchie in Ansehung
der Einfuhr ist, aber seine vornehmste Ausfuhr beste-
het nur in Holz, weil das Land den größten Theil seines Getreides selbst verbraucht. Königsberg hat den
Vorzug,

Sommer mehr als tausend Personen sich mit dem
Seidenbau beschäftiget, und daß der diesjährige
Seiden-Gewinnst um 2000 Pfund größer ist als
der vorjährige. Ganz gut ist er zwar nicht gelun-

gen,
Vorzug, Korn, Holz, Hanf und andere Erzeugnisse
nicht bloß von Preußen, sondern auch von Pohlen
auszuführen. Dies sind in der Kürze einige Bemerkungen, welche eine große Menge von den Hypothesen
und falschen Schlüssen des H. v. M. widerlegen und
zeigen können, daß er von den Local-Umständen der
Preußischen Monarchie, welche er sich heraus-
nimmt dem fremden Publikum in ihrem ganzen Um-
fang darzustellen, sehr wenig weiß. Es wird mir
nicht mehr Mühe kosten, zu beweisen, daß H. v. M.
bloß irrige und willkührliche Berechnungen annimmt
in Ansehung alles dessen was er von der Bevölkerung der Preußischen Staaten sagt, und
wenn er beweisen will, daß diese Bevölkerung unter
der Regierung Friedrichs II. nicht zugenommen habe.
Das unpartheyische Publikum wird den Zählungen
und authentischen Listen, welche der Preußische Staat
mit aller möglichen Sorgfalt anfertigen lassen, ohne
Zweifel mehr Glauben beymessen, als den falschen
Behauptungen und gewagten, ja selbst ganz irrigen
Berechnungen eines Ausländers, der bloß einige Mo-
nate in Berlin zugebracht hat. H. v. M. hätte sich
von seinen Irrthümern überzeugen können, wenn er
sich die Mühe gegeben hätte, das classische Werk
Süßmilchs von der göttlichen Ordnung
in dem Verhältniß der Todten und Ge-
bohrnen zu Rathe zu ziehen.

gen, wegen eines zu Ende der Seidenerndte gefallenen Mehlthaues, wovon der größte Theil der Seidenwürmer gestorben ist; man kann indessen hoffen, daß er in andern glücklichern Jahren bessern Fortgang haben werde; wenigstens sind alle Maaßregeln genommen, um sie durch Preise und andere Arten von Unterstützung zu Anziehung der Maulbeerbäume und zum Seidenbau aufzumuntern. Man hat besonders eine Anzahl Häuser und Stuben, welche vorzüglich zu dem Seidenbau bestimmt sind, für die Schulhalter auf dem Lande bauen lassen, deren sie sich im Winter zur Schule, und im Sommer zum Seidenbau bedienen können.

Der König hat unsern großen Woll-Baumwoll- und Seiden-Fabriken neues Leben gegeben, indem er ihnen durch beträchtliche Preise und durch eine gehörige Einschränkung der Einfuhre fremder Waaren in die Provinzen, welche derselben für den auswärtigen Handel bedürfen, die größten Aufmunterungen angedeihen lassen.

Se. Königl. Majestät wenden eine besondere Aufmerksamkeit auf die Erleichterung des Handels und Gewerbes in Ihren Staaten; Sie haben in dem Herzogthum Magdeburg eine schöne Chaussee nach Römischer Art anlegen; der Oder zwischen
Stettin

Stettin und Cüstrin eine bessere Richtung geben,
und zum Aufbau der abgebrannten Stadt Ruppin
einen neuen Kanal ziehen lassen. Sie haben überhaupt zum Besten der Provinzen und der Unterthanen eine Summe von beynahe drey Millionen
auszahlen lassen, wie man solches aus meiner letzten Abhandlung, welche ich jetzt drucken lasse, um-
ständlicher ersehen wird.

In eben dieser wohlthätigen Absicht, wird nach
Ablesung dieses Aufsatzes, unser würdige Mitbru-
der der Herr Staatsminister von Wöllner im Namen des Königs einen Preis ankündigen für den-
jenigen, welcher das beste Mittel erfinden wird
das Leder zu gerben ohne den Bäumen zu scha-
den und sie von ihrer Borke zu entkleiden.

Da die Akademie in ihrem Wirkungskreise
auch zum öffentlichen Nutzen etwas beytragen wol-
len, so hat sie einen Preis von hundert Dukaten
auf die in Teutschland vielfältig aufgeworfene
Frage gesetzt: ob es rathsam sey, durch Beyhülfe
künstlicher Wiesen, das Vieh beständig im Stall
zu futtern und die Bräche abzuschaffen. Die
Akademie hat diesen Preis einer Abhandlung zuer-
kannt, deren Verfasser Herr Graßmann, Prediger
in einem Pommerschen Dorfe, ist. Diese Ab-

hand-

handlung ist schon in der Versammlung vom 24. Ja=
nuar gekrönet worden, aber der Abdruck dersel=
ben hat sich bis jetzt verzögert, und nun erst kann
ich der Akademie einige gedruckte Exemplare davon
vorlegen. Da ich selbst einige Kenntnisse von der
Landwirthschaft besitze, so habe ich eine Vorrede
hinzugefügt, und darinn meine auf eine vieljährige
Erfahrung gegründete Meynung geäußert; nach
derselben scheint es mir für die Landwirthschaft sehr
schädlich zu seyn, die Brache abzuschaffen und die
allgemeine Stallfutterung des Viehes einzuführen;
ich bringe anstatt derselben einen Mittelweg oder
die Einrichtug in Vorschlag, das Vieh des Nachts
und einen Theil des Tages im Stall zu futtern,
und es täglich nur einige Stunden auf die Brach=
weide zu schicken.